www.ingramcontent.com/pod-product-compliance
Lightning Source LLC
Chambersburg PA
CBHW030722220526
45463CB00005B/2140
* 9 7 8 1 6 5 3 1 5 9 1 6 1 *